Lustige Sprachrätsel Deutsch A1

Hueber Verlag

4. 3. 2. | Die letzten Ziffern
2015 14 13 12 11 | bezeichnen Zahl und Jahr des Druckes.
Alle Drucke dieser Auflage können, da unverändert,
nebeneinander benutzt werden.
1. Auflage
Genehmigte Sonderausgabe für Hueber Verlag GmbH & Co. KG

Umschlaggestaltung: Parzhuber und Partner, München
Texte: Almuth Bartl, Katrin Titz
Illustrationen: Angela Weinhold; Irmtraud Guhe, München
DTP: Satz+Layout Fruth GmbH, München
Druck und Bindung: Himmer AG, Augsburg
Gesamtherstellung: arsEdition GmbH, München
Printed in Germany
ISBN 978-3-19-099581-3

Vorwort

Die *Lustigen Sprachrätsel Deutsch* sind kurzweilige, witzig illustrierte Sprachrätsel auf einfachem Niveau für zwischendurch und unterwegs. Sie bieten vergnügliches und unkompliziertes Wortschatzlernen und -wiederholen als Ergänzung zum Unterricht und für zu Hause. Abwechslungsreiche Übungstypen wie Bilderrätsel, Labyrinthe, Kreuzwort- und Silbenrätsel lassen keine Langeweile aufkommen. Der pfiffige „Maxi Maus“ gibt Tipps und Hinweise zu den Übungen. Die einzelnen Übungsblätter kann man auch heraustrennen, die Lösungen befinden sich jeweils direkt auf der Rückseite. Das praktische Querformat ermöglicht, dass man auch in Bus und U-Bahn bequem auf dem Schoß rätseln kann.

Die *Lustigen Sprachrätsel* sind für Lerner ab dem Niveau A1 geeignet.

Viel Spaß beim „Sprachätseln“!

Alles im Haus

Diese 10 Dinge findest du auch in dem Haus rechts.
Markiere die Wörter!

4 Buchstaben sind übrig geblieben. So heißt ein Tier. Das Tier wohnt auch im Haus. Zeichne es an die Tafel!

		B	E	T	T		
	R	E	G	A	L	S	
K	S	T	U	H	L	E	R
I	N	U	H	R	H	S	A
S	S	O	F	A	D	S	D
T	T	I	S	C	H	E	I
E	H	E	R	D	U	L	O

Lösung: Es ist ein Hund.

Das verrückte Kreuzworträtsel

Ordne die Buchstaben und schreibe die richtigen Wörter in die Kästchen auf der rechten Seite.

⑥

L A S G H N E C

②

E Ö W L

③

G I T R E

⑤

H A C F S

④

D E P R F

①

E S A M I E

⑦

T K E A Z

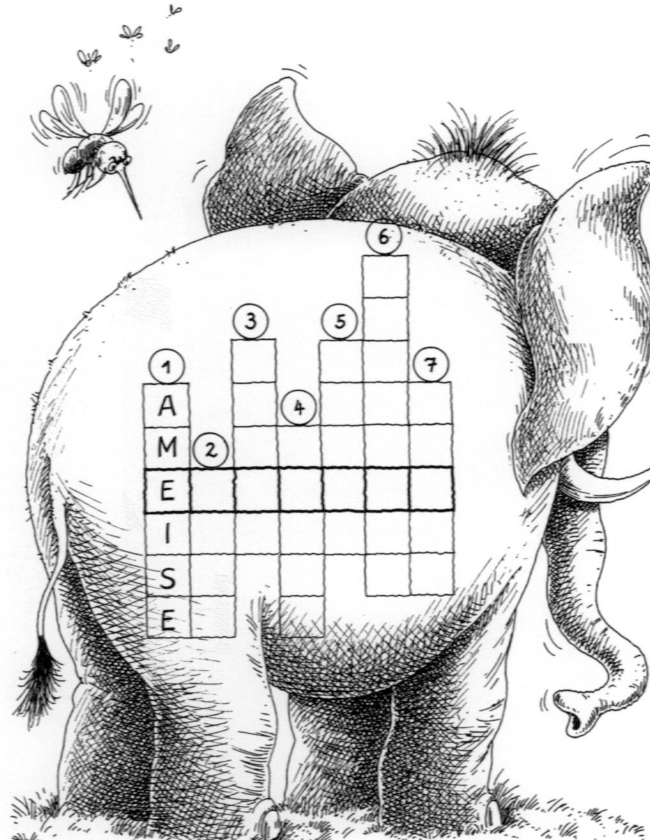

					(6)	
					S	
		(3)		(5)	C	
(1)		T		S	H	(7)
A		I	(4)	C	L	K
M	(2)	G	P	H	A	A
E	**L**	**E**	**F**	**A**	**N**	**T**
I	Ö	R	E	F	G	Z
S	W		R		E	E
E	E		D			

Das Jahr hat 12 Monate

Schreibe die Monatsnamen in die Kästchen.

10. Monat
5. Monat
7. Monat
9. Monat
6. Monat
12. Monat
4. Monat

			O	K	T	O	B	E	R
			M	A	I				
		J	U	L	I				
S	E	P	T	E	M	B	E	R	
		J	U	N	I				
				D					
	D	E	Z	E	M	B	E	R	
		A	P	R	I	L			

Wohin gehen die Mädchen?

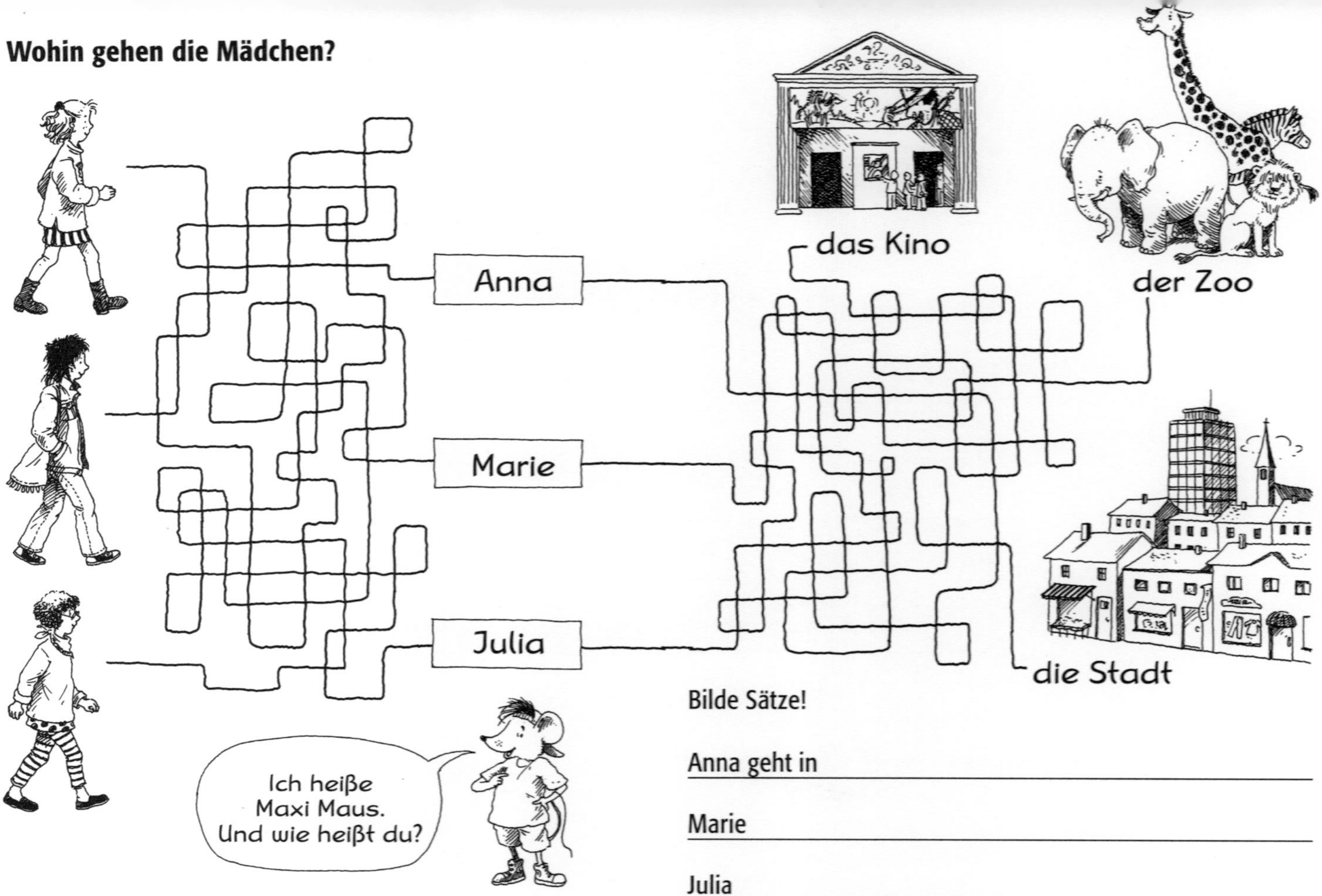

Bilde Sätze!

Anna geht in ______________________

Marie ______________________

Julia ______________________

Regel: Auf die Frage *wohin?* muss man immer mit dem Akkusativ antworten. Z. B.: *Maxi Maus geht in den Zirkus.* Oder: *Maxi Maus geht **in das** Theater.* Aus ***in*** und ***das*** wird dann ***ins***: *Maxi Maus geht **ins** Theater.*

Lösung:
Anna geht (in das =) ins Kino.
Marie geht in die Stadt.
Julia geht in den Zoo.

Kleider!

Im Schrank findest du viele Kleider. Aber Vorsicht! Vier Dinge gehören nicht in den Kleiderschrank. Streiche sie durch.

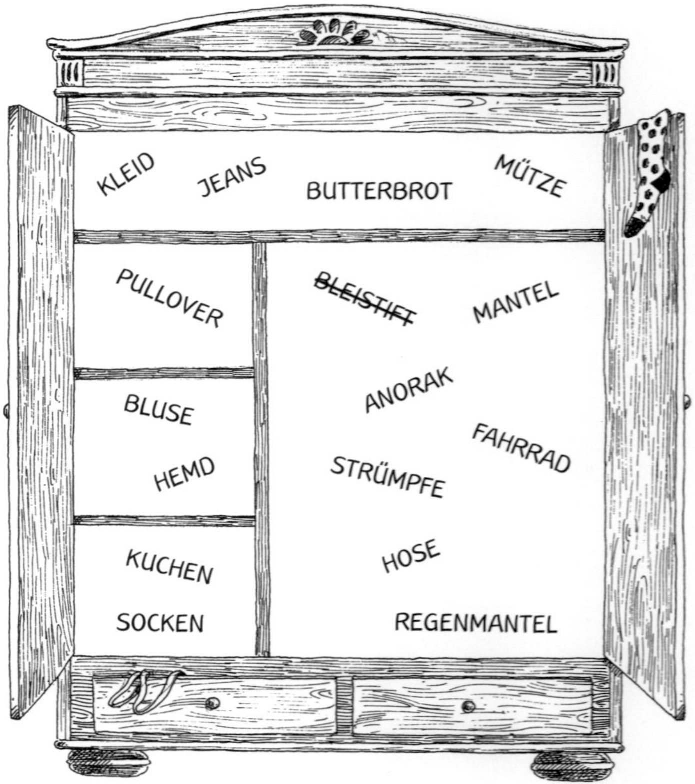

Bleistift
Butterbrot
Kuchen
Fahrrad

Wer ist wer?

Maxi Maus, Mäuschen und Maik sind gute Freunde.

- Maxi Maus ist nicht die kleinste Maus.
- Maik ist größer als Maxi Maus.
- Mäuschen ist kleiner als Maxi Maus.

Wer ist wer?
Schreibe die Namen auf.

_______________ _______________ _______________

Körperteile

Verbinde jedes Wort mit dem passenden Körperteil!

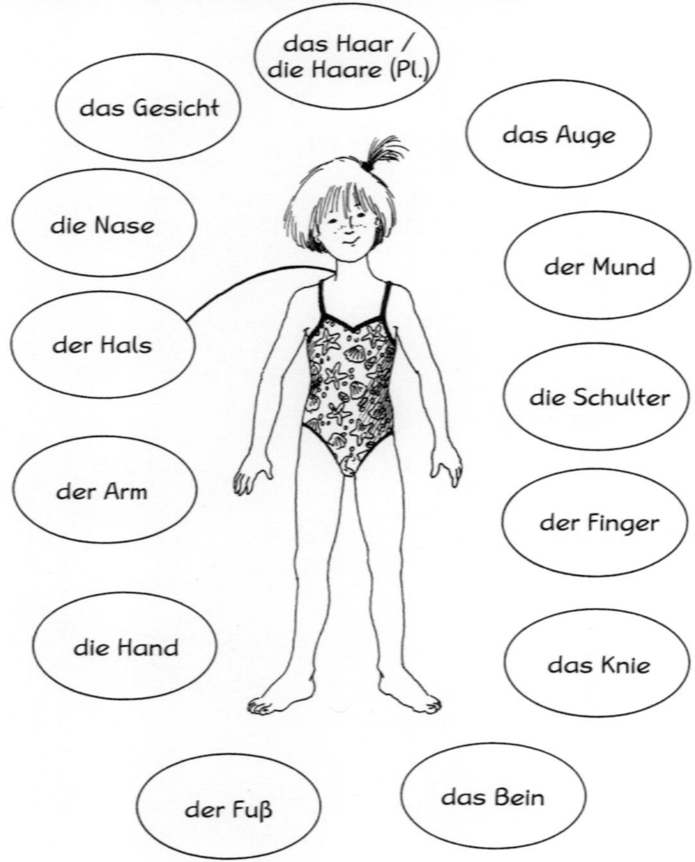

Maxi Maus – Maik – Mäuschen

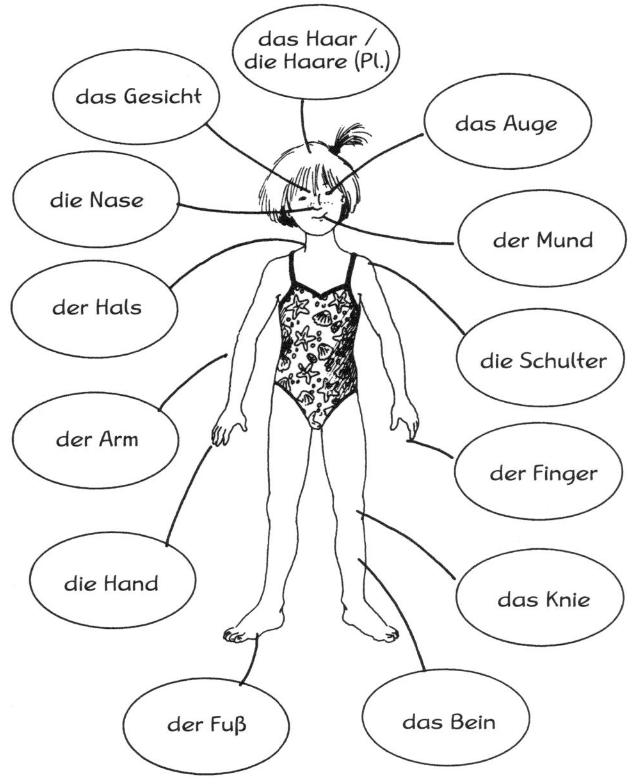

Die Familie

Wie ist Helmut Preiß mit Michael Preiß verwandt? Er ist sein …

Wie ist Bernhard Bayer mit Lara Preiß verwandt? Er ist ihr …

Wie ist Karl Preiß mit Michael Preiß verwandt? Er ist sein …

Wie ist Susanne Preiß mit Bernhard Bayer verwandt? Sie ist seine …

Wie ist Diana Preiß mit Stefan Preiß verwandt? Sie ist seine …

Trage die dick umrandeten Buchstaben unten ein.
Dann weißt du, wie Baby Preiß heißt.

				E	

Helmut Preiß ist der Vater von Michael Preiß.
Bernhard Bayer ist der Onkel von Lara Preiß.
Karl Preiß ist der Bruder von Michael Preiß.
Susanne Preiß ist die Schwester von Bernhard Bayer.
Diana Preiß ist die Tante von Stefan Preiß.

Baby Preiß heißt Andrea.

Zahlen

Male die Kästchen der Zahlen aus und du siehst ein Bild!

fünfunddreißig

achtundachtzig fünfundzwanzig

fünfundsiebzig neunundfünfzig

~~dreiundsiebzig~~

achtundsiebzig dreiundachtzig

zweiundsiebzig

fünfzehn

achtundfünfzig

vierundneunzig achtunddreißig

fünfundsechzig

sechzehn fünfundvierzig

fünfundfünfzig vierundsiebzig siebenundsiebzig

siebenundneunzig sechsundsiebzig

fünf

fünfundneunzig neunundsiebzig

siebenundzwanzig

neunundvierzig

sechsundneunzig

siebenundfünfzig

sechsundfünfzig

1	2	3	4	5	6	7	8	9	10
11	12	13	14	15	16	17	18	19	20
21	22	23	24	25	26	27	28	29	30
31	32	33	34	35	36	37	38	39	40
41	42	43	44	45	46	47	48	49	50
51	52	53	54	55	56	57	58	59	60
61	62	63	64	65	66	67	68	69	70
71	72	73	74	75	76	77	78	79	80
81	82	83	84	85	86	87	88	89	90
91	92	93	94	95	96	97	98	99	100

- ★ ein Auto
- ★ ein Segelboot
- ★ ein Flugzeug
- ★ ein Fahrrad

Du siehst ein Segelboot.

Diosaurier

Der Brontosaurus hat 11 Wörter verschluckt. Es sind die Namen von Wochentagen, Tageszeiten und Jahrezeiten. Markiere die Wörter!

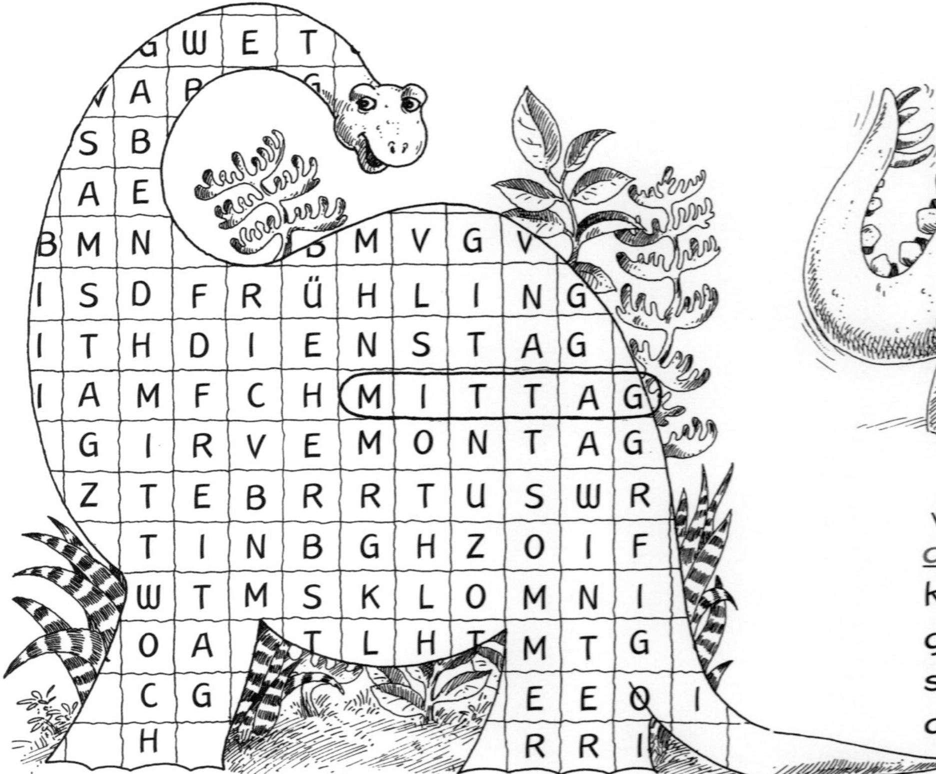

Mit den Buchstaben auf Stegosaurus kannst du die Adjektive unten ergänzen.

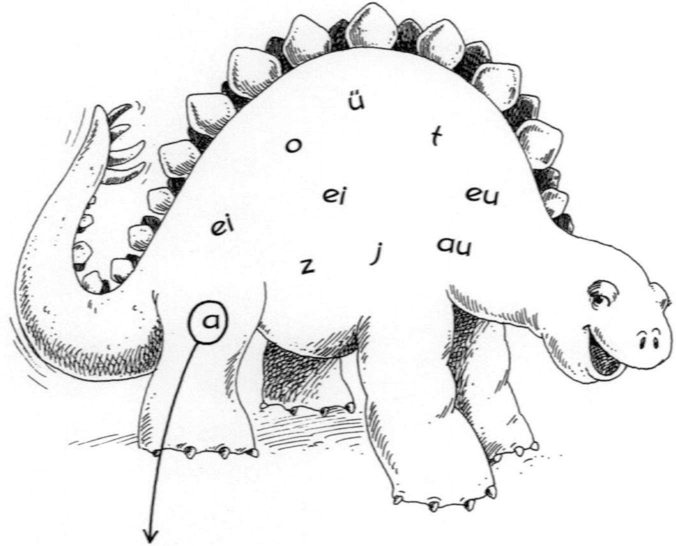

arm
kl__n
gr_ß
s_ß
al_

r__ch
t__er
s__er
_ung
kur_

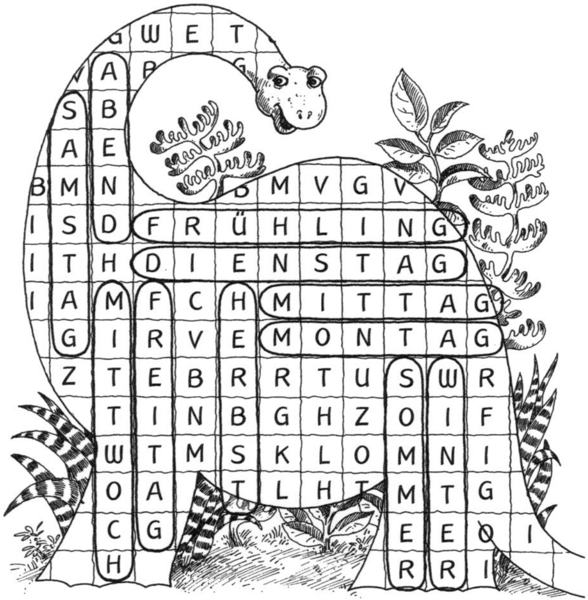

arm
klein
groß
süß
alt
reich
teuer
sauer
jung
kurz

Was macht Maxi Maus?

Suche die Verben im Buchstabengitter, markiere sie und schreibe sie unter die passenden Bilder.

Achtung!
Er, sie und *es* brauchen immer ein ***-t*** als Endung.
Schreibe also z. B.: *er wein**t***.

Er weint. Er s ___ t. Er ___

H	W	E	I	N	E	N	F	H	I	F
Ö	S	C	H	L	A	F	E	N	G	Ü
R	L	F	A	H	R	E	N	L	T	T
E	E	Q	P	U	T	Z	E	N	R	T
N	S	L	A	U	F	E	N	Z	Ä	E
L	E	R	D	E	N	K	E	N	U	R
L	N	S	P	I	E	L	E	N	M	N
E	S	S	E	N	K	B	L	I	E	N
S	C	H	R	E	I	B	E	N	N	O

Er weint.
Er spielt.
Er schläft.
Er schreibt.
Er hört.
Er putzt.
Er isst.
Er liest.
Er denkt.
Er fährt.
Er läuft.
Er füttert.
Er träumt.

H	W	E	I	N	E	N	F	H	I	F
Ö	S	C	H	L	A	F	E	N	G	Ü
R	L	F	A	H	R	E	N	L	T	T
E	E	Q	P	U	T	Z	E	N	R	T
N	S	L	A	U	F	E	N	Z	Ä	E
L	E	R	D	E	N	K	E	N	U	R
L	N	S	P	I	E	L	E	N	M	N
E	S	S	E	N	K	B	L	I	E	N
S	C	H	R	E	I	B	E	N	N	O

Gegenteil

Kennst du das Gegenteil?

Trage die dick umrandeten Buchstaben der Reihe nach hier ein!

schnell – langsam
fern – nah
fröhlich – traurig
leicht – schwer
links – rechts

geschlossen – offen
Nacht – Tag
richtig – falsch
gut – schlecht
warm – kalt
Sommer – Winter

Lösung: Echt klasse!

Auf dem Bauernhof

Weißt du die Namen der abgebildeten Tiere und Gegenstände? Sie beginnen alle mit dem Buchstaben „h“.

1	H											
2	H											
3	H											
4	H											
5	H											
6	H											
7	H											
8	H											
9	H											
10	H											
11	H											

1	H	U	T									
2	H	E	U									
3	H	A	U	S								
4	H	O	R	N								
5	H	A	N	D								
6	H	A	A	R								
7	H	U	H	N								
8	H	Ü	T	T	E							
9	H	A	M	M	E	R						
10	H	A	M	S	T	E	R					
11	H	U	B	S	C	H	R	A	U	B	E	R

Wörter mit „-ie-“, „-ei-“ und „-au-“

3

2

1

4

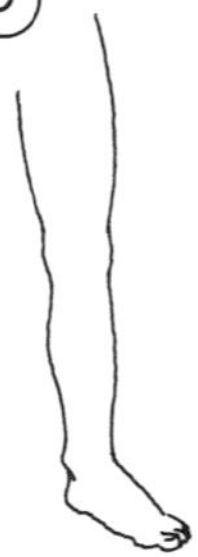
5

6

1		i	e			
2			e	i		
3		a	u			
4	A	u				
5		e	i			
6	E	i				
7		a	u			
8			e	i		
9		e	i			
10		a	u			

7

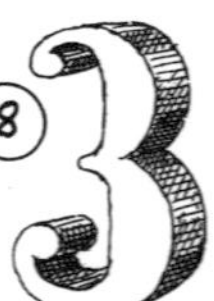
8

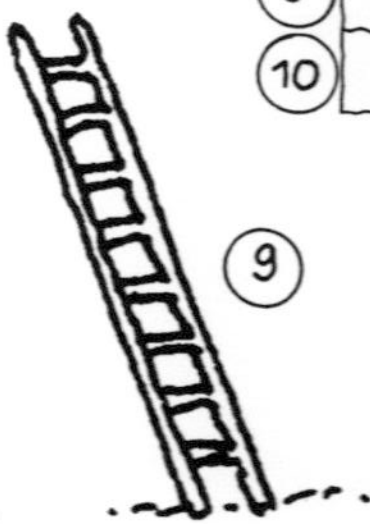
9

10

Wörter mit Doppelkonsonanten: „-ff-“, „-ll-“, „-mm-“, „-ss-“ und „-tt-“

1

2

3

4

5

6

1			s	s									
2			l	l									
3			s	s									
4						s	s						
5			m	m									
6		f	f										
7			f	f									
8						t	t						
9			l	l									
10			t	t									

7

8

9

10

1. Biene
2. Ameise
3. Baum
4. Auto
5. Bein
6. Eimer
7. Haus
8. drei
9. Leiter
10. Maus

1. Messer
2. Ball
3. Tasse
4. Schlüssel
5. Zimmer
6. Affe
7. Löffel
8. Schmetterling
9. Teller
10. Bett

Pferde

Der Bauer ist nicht da. Deshalb soll Georg heute die Pferde in ihre Boxen bringen. Aber welches Pferd kommt wohin? Kannst du helfen? Verbinde!

Wenn du alles richtig machst, sagen dir die Buchstaben auf den Pferden, was mit dem Bauern los ist.

	R		S				A		K

Lösung: Er ist krank.

Leons Zimmer

Katze	Bleistift	Ball	~~Schnecke~~	Schuhe	
Poster	Pilz	Lampe	Bett	Stuhl	Schere
Igel	Tisch	Hose	Spielzeugauto	Decke	
Pinsel	Fenster	Teekanne	Glas	Teller	
T-Shirt	Zug	Strohhalm	Buch	Elefant	

Trage die Anfangsbuchstaben der durchgestrichenen Wörter hier ein!

Du bist S _ _ _ _ _ !

Schnecke
Pilz
Igel
Teekanne
Zug
Elefant

Lösung: Du bist spitze!

Schmetterlinge

Ergänze die fehlenden Buchstaben auf den Schmetterlingen. Alle vier Wörter eines Schmetterlings beginnen mit demselben Buchstaben.

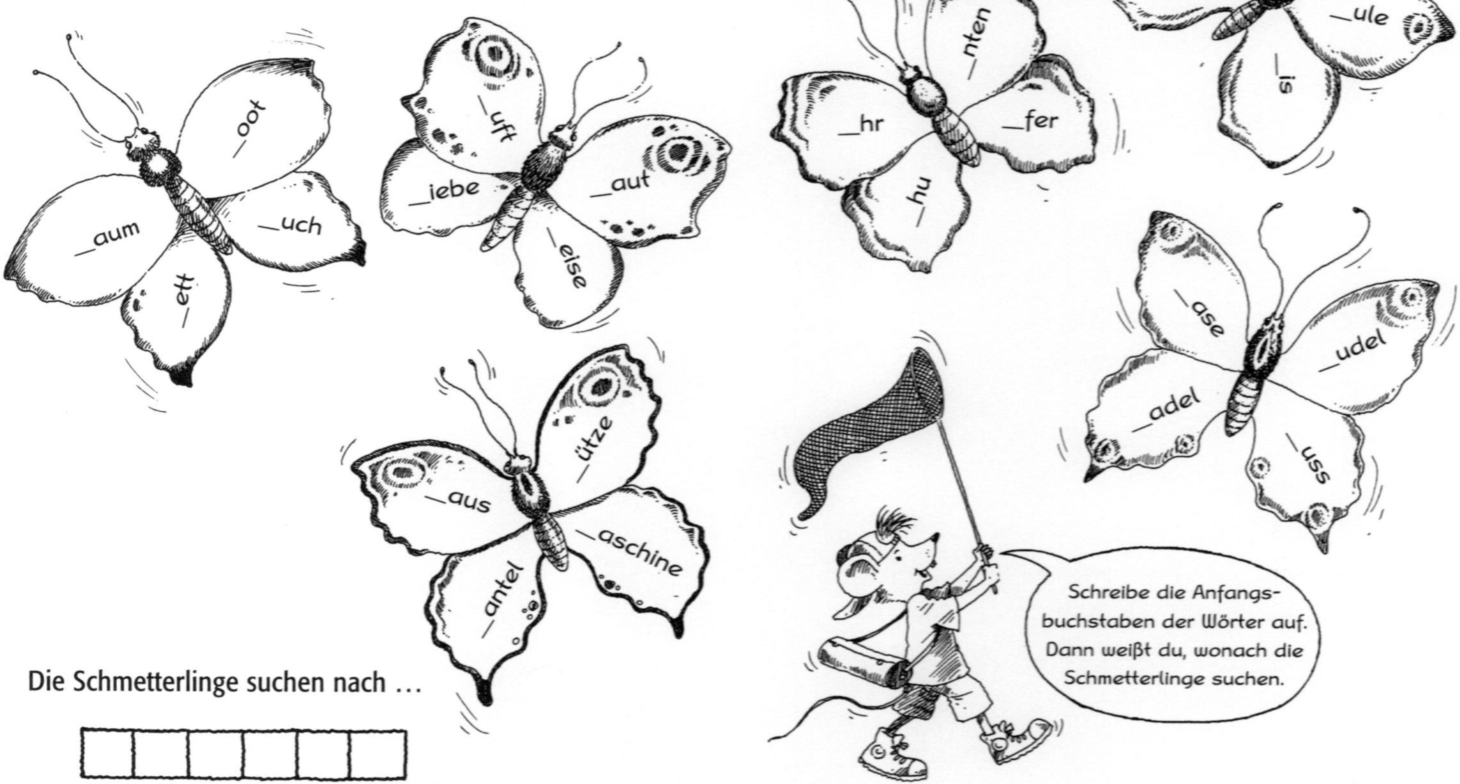

Die Schmetterlinge suchen nach …

Baum
Boot
Bett
Buch

Luft
laut
Liebe
leise

Uhr
unten
Uhu
Ufer

Elefant
Eule
Esel
Eis

Nase
Nudel
Nadel
Nuss

Maus
Mütze
Mantel
Maschine

Lösung:
Die Schmetterlinge suchen nach Blumen.

Reime

Male alle Blasen mit Wörtern, die sich reimen, in derselben Farbe aus!

Maus	Tier	Land	Mund	nein
Haus	vier	Hand	Hund	Bein
aus	hier	Sand	und	klein
Klaus	Stier	Strand	rund	ein

Am Flughafen

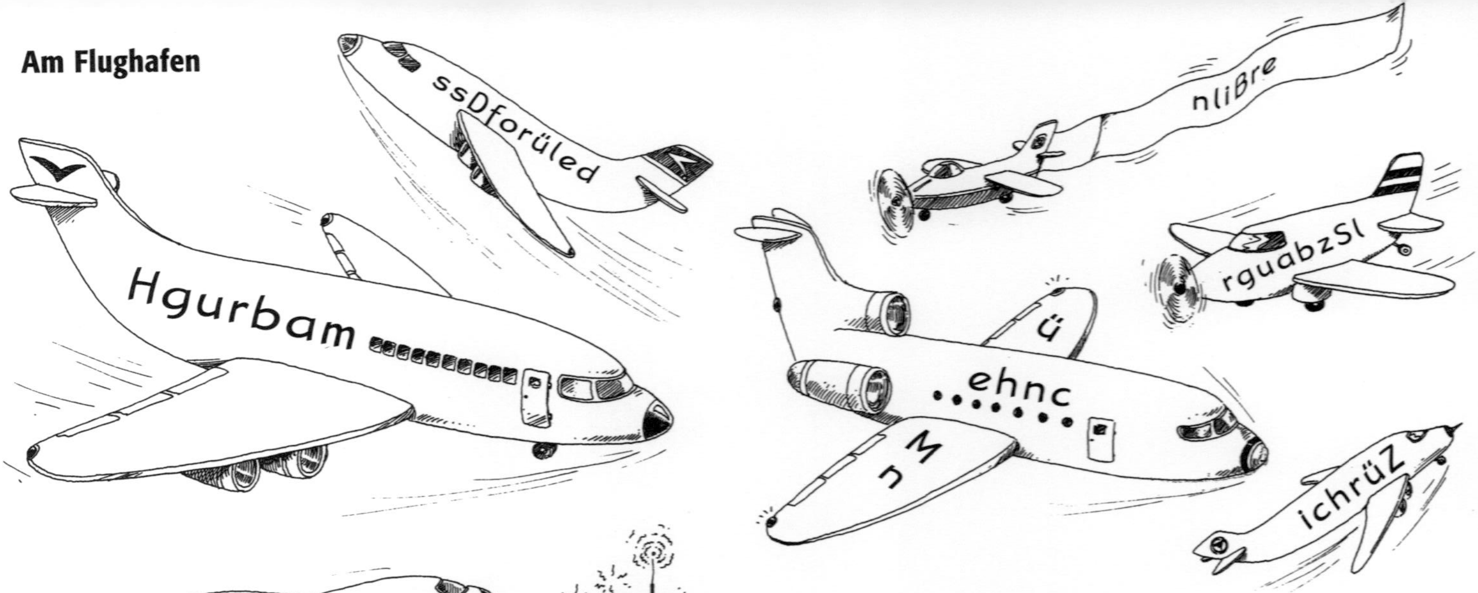

Die Flugzeuge fliegen zu großen deutschen, österreichischen oder schweizerischen Städten. Ordne die Buchstaben und kreise die acht richtigen Städte ein!

Stuttgart Düsseldorf Bern Mannheim
Hamburg Berlin Zürich Köln Linz Wien
Essen Bremen Salzburg Kiel Freiburg
München Genf

Die Flugzeuge fliegen
nach:
Düsseldorf
Hamburg
Berlin
Zürich
Wien
Salzburg
München
Genf

Nomen und Verben

Schreibe das passende Verb unter das Bild!

Verben:
~~fahren~~ schlafen malen riechen anziehen
sitzen spielen fernsehen kochen trinken
schneiden lesen reiten schreiben

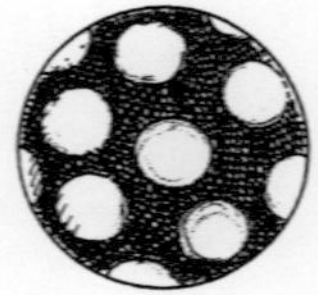

fahren

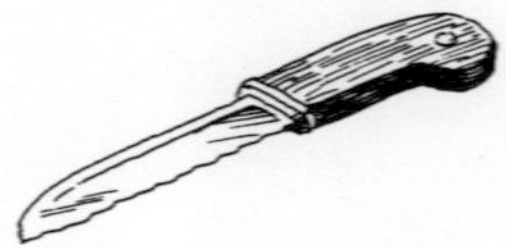

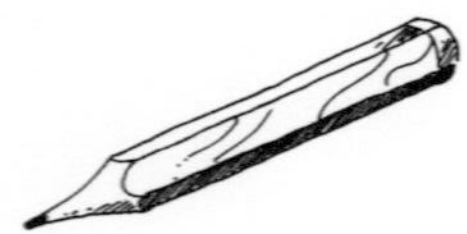

Auto – fahren
Bett – schlafen
Bild – malen
Nase – riechen
Kleidung – anziehen
Stuhl – sitzen
Ball – spielen

Fernseher – fernsehen
Topf – kochen
Tee – trinken
Messer – schneiden
Buch – lesen
Pferd – reiten
Bleistift – schreiben

Wo ist Maxi Maus?

Trage die Begriffe in das Rätselgitter ein.
Dann erfährst du, wo Maxi Maus ist.

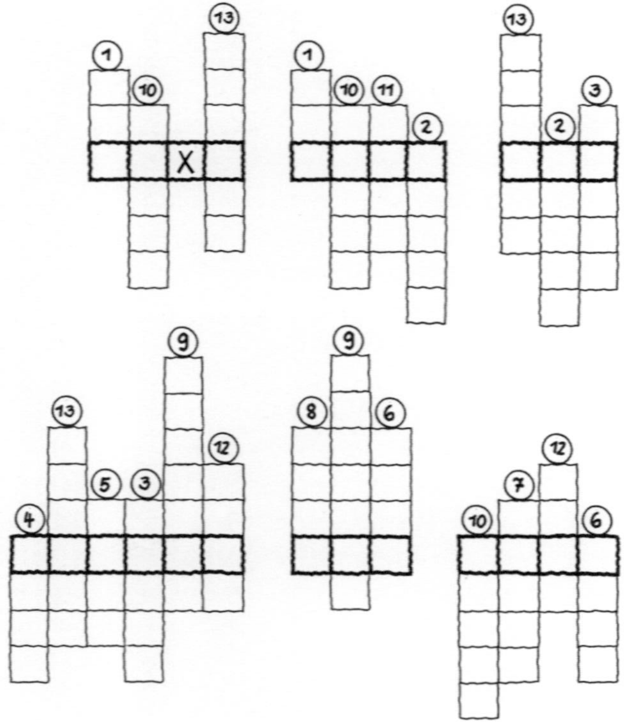

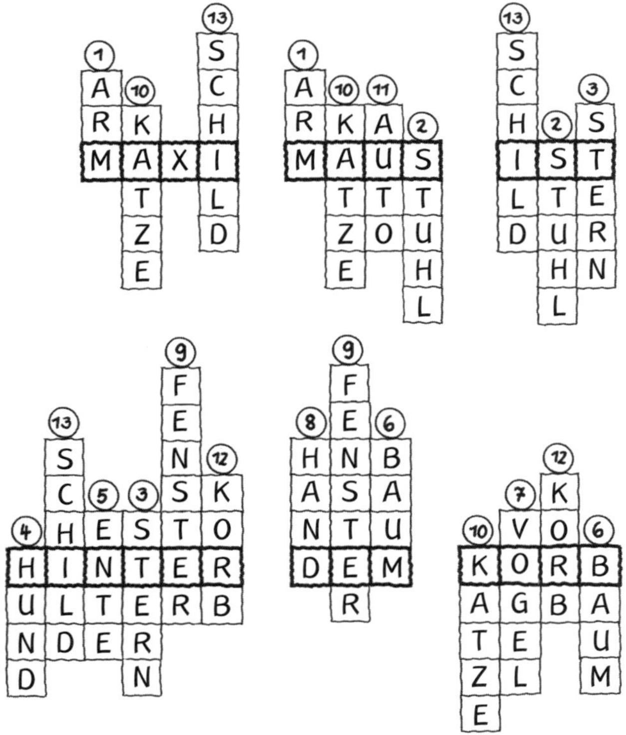

Lösung: Maxi Maus ist hinter dem Korb.

Der erste Buchstabe ist gleich

Je ein Bild hat einen anderen Anfangsbuchstaben. Welches?

Kiste – Kerze – <u>Banane</u>
Fuchs – <u>Stiefel</u> – Fuß
Biene – Baum – <u>Apfel</u>
Mantel – Mond – <u>Löffel</u>
Kuchen – <u>Boot</u> – Katze
<u>Eimer</u> – Stern – See
<u>Auto</u> – Hut – Huhn
<u>Messer</u> – Buch – Bleistift
Telefon – Torte – <u>Lineal</u>

<u>Frosch</u> – Haus – Hund
Mond – Maus – <u>Bleistift</u>
Schlüssel – <u>Ball</u> – Ski
<u>Rock</u> – Karte – Kappe
<u>Kuh</u> – Auto – acht
<u>Uhr</u> – Socke – Sonne
Bett – <u>Gewehr</u> – Blume
<u>Rose</u> – Finger – Fahrrad
<u>Nase</u> – Tasse – Teller

In der Schule

Dieses Rätsel hat zwei Teile. „Übersetze“ die Zahlen in Buchstaben und schreibe die Buchstaben unter die Zahlen.

13	6	12	1	1	10
B	r	i	l	l	e

Verbinde dann jedes Wort mit dem passenden Bild!

5	2	3	4	1	6	7	8	9	10	8

11	12	5	2	3

13	1	10	12	5	11	12	14	11

5	11	4	3	1

1	10	3	6	10	6

1	12	8	10	7	1

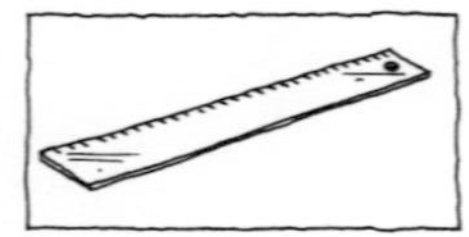

Schulranzen
Tisch
Bleistift
Stuhl
Lehrer
Lineal

Berufe

Schreibe den Beruf unter das passende Bild! Die Silben im Kasten helfen dir dabei.

-schwes-	-lot	-bo-	Bau-	~~-in~~	-pi-	-in
Bä-	Flei-	-er	Kran-	-tän	~~-ärzt-~~	-cker
Pi-	-ken-	~~Zahn-~~	-ter	Lehr-	-scher	
-er-			Post-		-te	Ka-

Zahnärztin

Zahnärztin
Bauer
Fleischer

Pilot
Lehrerin
Postbote
Krankenschwester
Bäcker
Kapitän

In der Stadt

Lies die Wörter auf der rechten Seite und male die Felder aus, in denen ein Begriff steht, den du im Bild sehen kannst.

Fahne	Ball	Stern	Tisch	Mann
Sonne	Mädchen	Zebra	Baum	Ei
Zitrone	Frosch	Junge	Mond	Tasse
Messer	Haus	Blume	Auto	Löffel
Frau	Korb	Schiff	Banane	Straße

Die ausgemalten Bilder ergeben zusammen einen Buchstaben. Welchen? Kreise ihn ein!

A X Z H S

Im Bild:
Fahne
Mann
Mädchen
Baum
Junge
Haus
Auto
Frau
Straße

Lösung: x

Neue Wörter

−H

Zum Beispiel:
Hund − H = und

−R
+B

−R
+H

−F
+T

−Schn

−H
+M

−K
+Sch

4 −V
+T

Zahlen

Trage die Zahlen als Wörter in das Rätselgitter ein!

11 →
1 →
4 →
8 →
9 →
10 →
12 →
7 →
13 →
15 →
16 →

50	106
400	7863208

Hund – H = und
Schnecke – Schn = Ecke
Rad – R + B = Bad
Haus – H + M = Maus
Rose – R + H = Hose
Kuh – K + Sch = Schuh
Fisch – F + T = Tisch
Vier – V + T = Tier

elf
eins
vier
acht
neun
zehn
zwölf
sieben
dreizehn
fünfzehn
sechzehn

Wenn du alle Zahlen addierst,
lautet das Ergebnis 106.

Bilder und Sätze

Schreibe in das Kästchen hinter jedem Satz den Buchstaben des richtigen Bildes.

Die Katze sitzt auf dem Stuhl.	
Frau Meier liest die Zeitung.	u
Thomas wischt die Tafel.	
Der Fisch liegt im Korb.	
Maxi Maus fährt Fahrrad.	

Der Affe isst eine Banane.	
Christian liest ein Buch.	
Lilly geht einkaufen.	
Die Kinder lachen.	

Katze	s
Frau Meier	u
Thomas	p
Der Fisch	e
Maxi Maus	r

Der Affe	t
Christian	o
Lilly	l
Die Kinder	l

Bilderrätsel

Trage den Namen der Gegenstände in das Kreuzworträtsel ein.

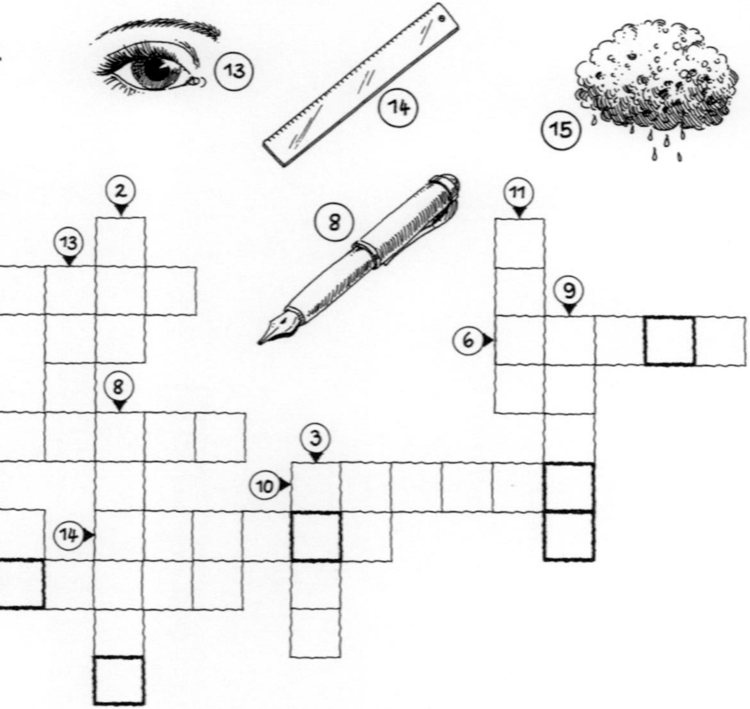

Wenn du die dick umrandeten Buchstaben hier einträgst,
dann erhältst du das Lösungswort. Aber pass auf:
Die Reihenfolge der Buchstaben musst du noch finden!

						B			!

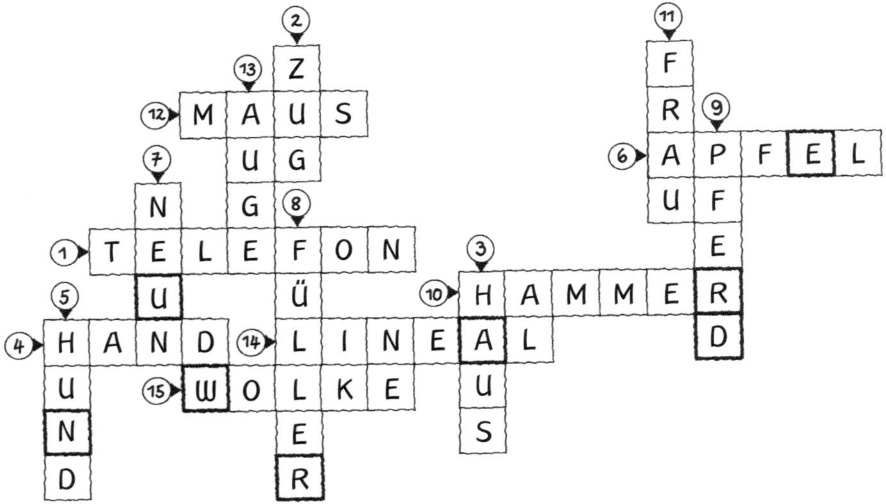

Lösung: wunderbar!

Farben

Welche Farben haben die Dinge in Wirklichkeit?
Trage die Farben ins Rätselgitter ein.

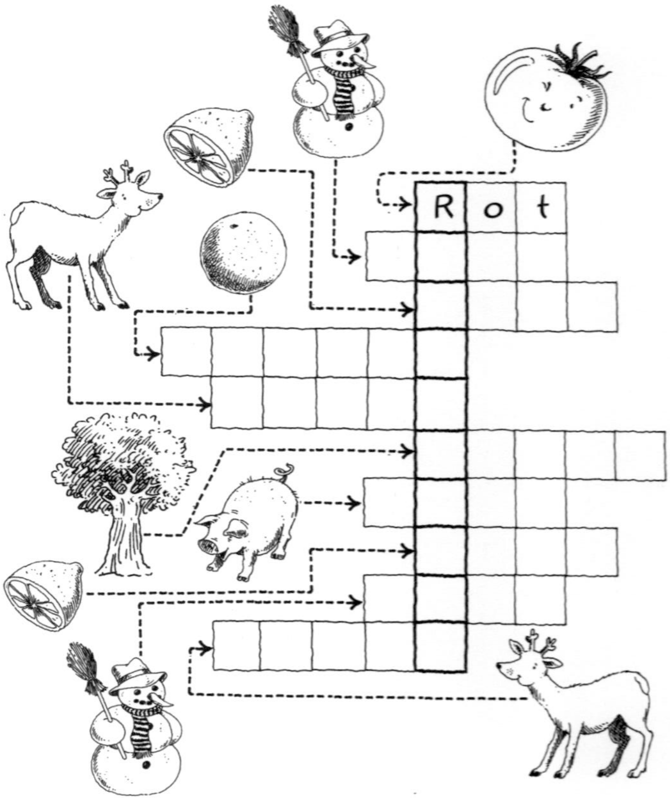

Male die Felder in den angegebenen Farben aus! Drehe das Bild um, wenn du fertig bist! Welchen Vogel siehst du?

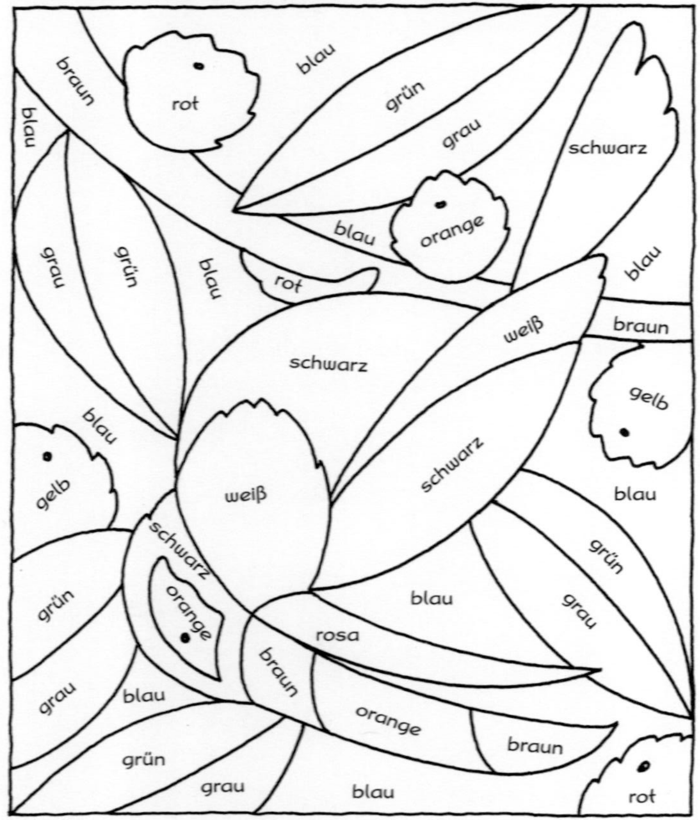

					R	o	t		
				w	e	i	ß		
					g	e	l	b	
o	r	a	n	g	e				
	b	r	a	u	n				
					b	r	a	u	n
				r	o	s	a		
					g	e	l	b	
				w	e	i	ß		
	b	r	a	u	n				

Lösung: Regenbogen

Der Vogel ist ein Tukan.

in – an – auf?

Finde für jeden Satz die fehlende Präposition oder Präposition mit Artikel (z. B. *am* = *an* + *dem*)!

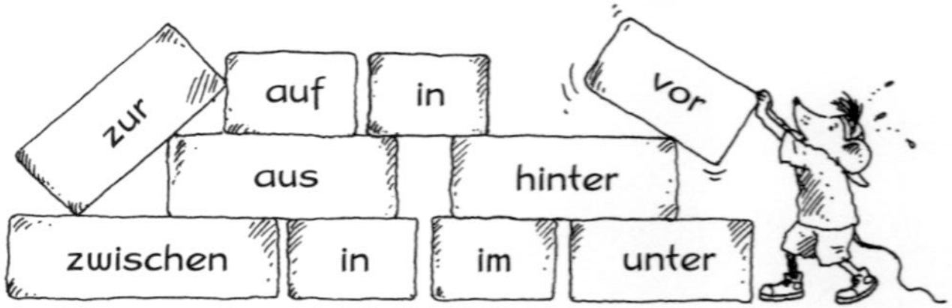

Maxi Maus geht ________ Schule.

Maxi Maus sitzt ________ einem Sessel.

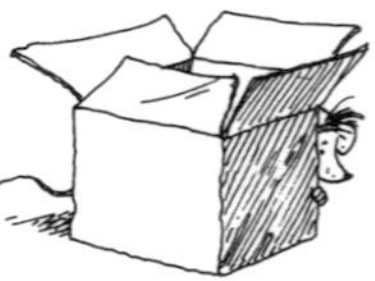

Maxi Maus ist ____________ einer Kiste.

Maxi Maus spielt ____________ Garten.

Maxi Maus klettert ________ eine Leiter.

Maxi Maus geht ________ das Haus.

Maxi Maus steht ________ zwei Katzen.

Maxi Maus liest ________ dem Tisch.

Maxi Maus schaut ________ dem Zelt.

Maxi Maus steht ____________ dem Geschäft.

Maxi Maus geht zur Schule.
Maxi Maus sitzt in einem Sessel.
Maxi Maus ist hinter einer Kiste.
Maxi Maus spielt im Garten.
Maxi Maus klettert auf eine Leiter.
Maxi Maus geht in das Haus.
Maxi Maus steht zwischen zwei Katzen.
Maxi Maus liest unter dem Tisch.
Maxi Maus schaut aus dem Zelt.
Maxi Maus steht vor dem Geschäft.